MÉMOIRE

SUR LA PRÉPARATION AU MARTYRE

DANS

LES PREMIERS SIÈCLES DE L'ÉGLISE.

EXTRAIT DU TOME XXVIII. 2ᵉ PARTIE

DES MÉMOIRES

DE L'ACADÉMIE DES INSCRIPTIONS ET BELLES-LETTRES.

MÉMOIRE

SUR LA PRÉPARATION AU MARTYRE

DANS

LES PREMIERS SIÈCLES DE L'ÉGLISE.

PAR M. EDMOND LE BLANT.

PARIS.

IMPRIMERIE NATIONALE.

M DCCC LXXIV.

MÉMOIRE

SUR LA PRÉPARATION AU MARTYRE

DANS

LES PREMIERS SIÈCLES DE L'ÉGLISE.

« Lorsque des mains cruelles torturaient les membres du
« saint, lorsque le bourreau lui déchirait les chairs, sans pou-
« voir abattre sa constance, j'ai entendu parler les assistants.
« L'un disait : C'est une grande chose et qui me trouble fort que
« de pouvoir maîtriser la douleur, que de n'être point vaincu
« par les supplices. D'autres reprenaient : Cet homme doit avoir
« des enfants, car une épouse est assise à son foyer, et cepen-
« dant l'amour des siens est impuissant à le fléchir. Il faudra
« pénétrer et connaître le mystère qui fait sa force. Quelle que
« soit la religion des chrétiens, ce ne peut être pour une croyance
« vaine que l'on accepte la souffrance et le trépas[1]. »

Ainsi parlait, au temps des persécutions païennes, le témoin
d'un martyre, et, un siècle auparavant, saint Justin, encore non
converti, avait éprouvé le même trouble en voyant les fidèles
intrépides devant la mort[2]. La noble constance des martyrs
fut donc l'une des forces vives par lesquelles grandit le christia-

---

[1] *Liber de laude martyrii*, § 15 (à la suite des œuvres de saint Cyprien). — [2] *Apolog.*
p. XL., § 12.

Préparation au martyre.

nisme. Leur sang devint une semence, comme le dit éloquem-
ment Tertullien[1], et la foi nouvelle se propagea par les supplices qui devaient l'écraser et la vaincre. « Patiendo superare, »
tel était le destin des fidèles[2]. Aussi l'Église primitive sou-
haita-t-elle ardemment la consommation du sacrifice de ceux
qui confessaient Jésus-Christ; elle redoutait et condamnait[3],
nous le voyons à chaque page de son histoire, les défaillances
qui venaient à la fois refroidir le courage des croyants[4] et ra-
nimer la fureur des poursuites[5]. Peu d'hommes possédaient
en effet la foi robuste qui fait le chrétien, la constance qui
fait le martyr. Quelques-uns, vaincus par les misères de l'em-
prisonnement, perdaient l'honneur de mourir pour le Christ[6].
Parmi ceux mêmes que leur fermeté d'âme menait au pied du
tribunal[7], et jusqu'au lieu de l'exécution[8], plusieurs succom-
baient trahis par leurs forces, devant la douleur ou l'épou-
vante. Aux épreuves de la captivité, aux angoisses de la
torture s'ajoutaient encore d'autres combats, d'autres déchi-
rements. « Combien de fidèles, écrit saint Augustin, ont été
« ébranlés à l'heure de la confession par les embrassements de
« leurs proches[9]! » Les idolâtres le savaient et s'efforçaient par-

[1] « Semen est sanguis Christianorum. »
(*Apologet.* c. L; cf. c. XXI.)

[2] S. August. *Civ. Dei*, XVIII, LIII.

[3] Euseb. *Hist. Eccl.* V, 1, *initio*; IV, XV;
et VI, XLI; S. Basil. *Hom. de XL martyrib* § 6; Acta S. Petri, Andreæ, etc. § 2
et 5; Certamen S. Nicephori, § 7; Passio S. Theodori, §§ 9 et 15 (*Acta sincera*,
ed. de 1713, p. 139, 243, 340, 342);
S. Cypr. *De lapsis*, etc.

[4] Euseb. *Hist. eccl.* V, 1, *initio*.

[5] Origen. *Contra Celsum*, l. VIII (ed.
Cantabr. p. 406; Lactant. *Instit. divin.* V,
XI et XIII.

[6] Petri Alexandr. *Canones*, c. 11 (Labbe
Concil. t. I, p. 955); S. Epiph. *Hæres.*
LXVIII, § 7.

[7] Tertull. *De monogamia*, XV; Acta
S. Petri, Andr. § 2. (*Acta sinc.* p. 159);
S. Cypr. *Epist.* LIII, ad Fortunat. § 1; *De
lapsis*, XIII; Euseb. *H. E.* VI, XLI; Lactant.
Inst. div. V, XI, etc.

[8] Eccles. Smyrn. Epist. de martyr.
S. Polyc. c. IV; Certamen S. Nceph. § 6
(*Acta sincera*, p. 38, 242, 243).

[9] *Sermo* CCLXXXIV. In natali martyrum
Mariani et Jacobi, § 2.

fois de réveiller, dans les cœurs intrépides, le cri suprême de la nature. On mettait sous les yeux du saint sa femme, ses fils, ses vieux parents en pleurs, et le proconsul lui disait : « Pour l'amour d'eux, consens à sacrifier[1]. » Tous les chrétiens ne trouvaient point la force de résister à cette épreuve.

Parmi ceux qui gardaient la vie sauve, j'ai cité les meilleurs; la multitude n'avait point l'honneur de l'abnégation et de la lutte. Un grand nombre, dès l'annonce de la persécution, assiégeaient, en habits de fête[2], les temples et les capitoles pour sacrifier aux dieux de l'Olympe, fatiguaient de leur hâte les magistrats païens[3], proclamaient, érigeaient en principe la condamnation du martyre.

Ainsi faisaient Valentin, Prodicus et leurs adeptes, qui affirmaient l'inutilité de ce sacrifice[4]; certains hérétiques aux yeux desquels il n'était qu'un suicide impie[5]; Basilide, qui le repoussait, prétendant que le renoncement au Seigneur et l'adoration des idoles étaient choses indifférentes[6], que, la passion du Christ n'ayant été qu'une apparence, il n'y avait point lieu de souffrir pour celui qui n'avait point souffert[7]; les Helcésaïtes, professant que l'on pouvait, en face du péril, renoncer de bouche en gardant sa croyance[8]; Cérinthe, qui s'emportait à blasphémer les saintes victimes de la foi[9].

---

[1] Passio S. Irenæi, § 4 (*Acta sincera*, p. 403).

[2] *Concil. Ancyr.* c. IV (A. circ. 314.)

[3] S. Cypr. *De lapsis*, § 8; Origen. *Exh. ad martyr.* § 6; Euseb. *H. E.* VI, XLI; *Mart. Palæst.* II.

[4] Tertull. *Scorpiace*, XV; *Advers. Valentin.* XXX.

[5] Clem. Alexandr. *Pædagog.* IV, IV.

[6] Origen. *Commentariorum in Matthæum series,* § 38; Euseb. *H. E.* IV, XVII. Cf. S. Iren. I. XXIV. 6; S. Epiph. *Hæres.* XXIV. § 4.

[7] Philast. *De hæres.* XXXII; *Inscript. chrétiennes de la Gaule*, t. II. nᵒ 478 et *Bull. de la Soc. des Antiq. de Fr.* 1867, p. 113.

[8] Euseb. *H. E.* VI. XXXVIII. Voir encore, au sujet de ce renoncement, Origène, *Contra Cels.* l. I, p. 8. et saint Basile, *Homil. XVIII in Gordium martyrem*, § 6. Éd. Garnier, t. II. p. 147.

[9] Philast. XXXVI. Cf. Clem. Alex. *Stromat.* IV. IV.

Il était encore, et peut-être ailleurs que chez les hérétiques, d'autres systèmes qui excluaient le martyre. Je le ferai voir dans un autre travail : avec la persistance des fidèles et l'extension du christianisme, la tolérance des païens s'était faite plus grande. Ainsi, alors que, devant le tribunal, saint Tarachus proclamait hautement l'unité de Dieu, le juge lui répondait : « Sacrifie donc à Jupiter seul et non point à cette réunion de « dieux que tu repousses[1]. » D'autres magistrats se montraient plus faciles encore : à saint Philéas, qui refusait d'adorer les divinités de l'Olympe, le juge disait : « Puisqu'il en est ainsi, « sacrifie donc au Dieu unique[2]. » De semblables invitations avaient leur raison d'être et leur valeur; plus d'un chrétien eût accepté la vie dans les conditions offertes à Tarachus, à Philéas. Quelques-uns, en effet, tenaient les noms pour chose insignifiante, parce qu'ils étaient d'invention humaine. A leurs yeux, il importait peu de dire : J'adore le Très-Haut, ou j'adore Jupiter; le sentiment intérieur faisait tout[3]. Origène condamnait une semblable pensée. « Pour moi, écrivait-il, je défends « les chrétiens qui refusent, au prix de la vie, de donner à Dieu « le nom de Jupiter[4]. »

L'Évangile même, cette règle de toute chose, comme le disait un Père africain[5], était invoqué par plusieurs pour autoriser la faiblesse devant la persécution. « Le Seigneur, répé-« tait-on, en a donné l'exemple alors qu'il s'écriait : Ô mon « Père, que ce calice s'éloigne de moi! Si donc Jésus a res-« senti du trouble à l'approche de sa dernière heure, qui « pourra demeurer inébranlable[6]? »

[1] Acta S. Tarachi. § 5. (Acta sinc. p. 431).

[2] Acta S. Phileæ. § 1. (Acta sinc. p. 494).

[3] Origen. Exhort. ad martyr. § 46

[4] Contra Celsum, l. I, p. 20.

[5] S. Optat. Milev. De schism. Donatist. V. III.

[6] Origen. Exhort. ad martyr. § 29. La question de savoir si le Christ avait té-

Que l'on joigne aux faiseurs de systèmes, armés de subtiles paroles, les *lapsi* dégradés par leur chute et qui cherchaient à entraîner ceux dont le courage rendait plus éclatante la honte de la défection [1], et l'on comprendra la puissance de l'assaut dirigé de toutes parts contre la constance et la foi.

Ce que fit l'Église, en présence des faiblesses de la chair, devant une propagande énervante, devant les efforts des païens pour tenter la cupidité ou l'ambition des fidèles [2], l'étude des Actes, des textes contemporains, nous le fait connaître et comprendre.

Le martyr, répétaient les anciens, était l'athlète du Seigneur [3]; mais, pour descendre sans pâlir dans l'arène, pour conquérir la palme et la couronne, les lutteurs de l'amphithéâtre devaient subir d'austères épreuves; un régime soutenu d'exercices laborieux, d'abstinence, de veilles, rompait leur corps à la fatigue et l'endurcissait à la souffrance [4]. Il en était ainsi de ceux qu'attendait l'honneur de combattre pour le Christ. Dans les textes qui les glorifient, abondent les métaphores agonistiques si familières à saint Paul : ils se sont pré-

---

moigné de la crainte a été également soulevée par les mots : « Mon âme est triste « jusqu'à la mort, » et les anciens s'en sont souvent préoccupés. Voir, à ce sujet, Orig. *Contra Celsum*, l. II, p. 75; l. VII, p. 369; Euseb. Alexandrin. *Sermo* xv. (Dans Mai, *Spicileg. roman.* t. IX, p. 696); *Evang. Nicomedi*, c. xx. (Dans Thilo, *Cod. apocr. Novi Testam.* p. 703), etc.

[1] S. Cypr. *De lapsis*, IX; *Concil. Ancyr.* c. viii; Acta S. Basil. Ancyrani, § 4 (*Acta sinc.* p. 583. 584).

[2] S. Gregor. Nyss. *Laudes S. Mart. Theodori*, éd. de 1615, t. II, p. 1015; S. Basil. *Homil. XVIII in Gordium mart.* Homil. XIX *in* xl *mart.* Ed. Garnier, t. II. p. 146 et 151; Acta S. Claudii, § 1; Acta S. Tarachi. § 9. (*Acta sinc.* p. 267 et 441), etc. Cf. Sozomen, *H. E.* II, viii; Victor Vitensis, *Persec. Vandal.* I, xv; *Passio VII monach.* § 3; Delisle. *Note sur le ms. n° 8084 de la Bibl. imp.* p. 6.

[3] S. Greg. Naz. *Orat.* XLIII. In laud. Basil. § 5 (t. I. p. 773); S. Chrysost. *Laudes omnium martyrum*, § 2; *Homil. III in Osiam*, § 1 (t. II, col. 710; t. VI. col. 412); Constant. Diacon. *Laudat. omn. mart.* § 8 (A. Mai, *Spic. rom.* t. X, p. 108).

[4] Horat. *De arte poet.* v. 412; Arrian. *Epist. dissert.* III, xv, etc.

Préparation au martyre.

parés, dit-on, ainsi que le font les athlètes; ils se sont habi-
tués à la lutte; ils se sont armés contre la douleur; victorieux,
ils ont remporté le prix souhaité, la palme et la couronne[1].
Parati, exercitati, tels sont les mots qui, dans les textes antiques, désignent en même temps les lutteurs prêts à paraître
dans l'arène et les chrétiens armés pour le grand combat. « Ad
« agonem sæcularem, » écrit saint Cyprien, « exercentur homi-
« nes et parantur... Armari et præparari nos beatus Apostolus
« docet[2]. » La préparation, l'exercice, avaient manqué aux fidèles de Lyon qui, sous le règne de Marc-Aurèle, faiblirent
d'abord devant le tribunal; ἀνέτοιμοι καὶ ἀγύμναστοι, dit la
lettre encyclique[3], en parlant de ces chrétiens qui, instruits
et fortifiés de nouveau, devaient bientôt apprendre à confesser
le Seigneur[4]. Athlète ou soldat de Dieu, car quelquefois aussi
la métaphore est empruntée aux choses de la guerre, le fidèle,
quand arrivait l'heure de la persécution, devait être armé et
préparé. Ἔτοιμός σοι εἰμὶ πρὸς πάντα, φέρων τὰ ὅπλα τοῦ
Θεοῦ, disait un martyr au gouverneur[5]; saint Cyprien avait
écrit de même : « Ad certamen quod nobis hostis indicit, ar-
mati et parati simus[6]. »

Tel était le but que, dans sa sollicitude, poursuivait ardemment l'Église, multipliant, pour entraîner les âmes, les encouragements et les promesses.

Le prix du martyre, enseignait-on, était immense. Salomon,
David, l'avaient dit au nom du Seigneur, et Jésus-Christ l'avait

---

Passio S. Perpet. § 10 (*Acta sinc.*
p. 97); Tertull. *Ad martyras*, III; Constant. Diacon. *Laudatio omnium martyrum*,
§ 8 (A. Mai. *Spicil. rom.* t. X. p. 107).

[2] *Epist.* LVI. Ad Thibaritanos, § 8.

Euseb. *H. E.* V. 1. Cicéron dit de
même, en parlant de certains athlètes
« pugiles inexercitati. » (*De claris orat.*
LXIX.)

[4] Καὶ ἐμάνθανον ὁμολογεῖν. (Euseb. *loc.
cit.*)

[5] Acta S. Tarachi. § 5 (*Acta sinc.*
p. 436).

[6] *Epist.* LIV ad Cornelium, *De lapsis*, § 1.

répété lui-même[1]. Le ciel qui, selon quelques-uns, devait rester fermé pour tous jusqu'à la consommation des temps, s'ouvrait sur l'heure pour les saintes victimes. Les mains des anges les portaient vers l'Orient, et devant elles s'étendait un jardin resplendissant de fleurs, ombragé de rosiers gigantesques. La chair des bienheureux, devenue immatérielle et diaphane, laissait voir la pureté de leurs cœurs. Une atmosphère de parfums les entourait et leur donnait la vie. A leur entrée, la troupe des Séraphins les accueillait avec des cris d'admiration et de triomphe. Puis, dans un rayonnement immense, au milieu d'une large enceinte aux murailles faites de lumière, leur apparaissait le divin Maître, tel que saint Jean l'avait rêvé. Ses cheveux étaient blancs comme la neige et ses traits étaient ceux d'un jeune homme. Les martyrs le saluaient par un baiser, et, au toucher de sa main, leurs âmes s'emplissaient d'une allégresse inconnue.

C'était ainsi que, dans leurs visions, les saints entrevoyaient les joies du paradis et ses splendeurs[2]. Lus à l'Église, comme l'Évangile même, leurs Actes publiaient ces merveilles et fortifiaient les cœurs mal affermis[3].

Il était encore, pour les martyrs, un autre prix de la constance. Si haute que fût la récompense promise, les fidèles ne voyaient pas tous, sans le secret frémissement dont témoigne l'Apocalypse[4], la cruauté des idolâtres. « S'il nous était permis « de rendre le mal pour le mal, leur disait Tertullien, une « seule nuit et quelques flambeaux, c'en serait assez pour notre « vengeance[5]. » Elle était dans le cœur de plus d'un, cette pen-

---

[1] S. Cypr. *Exh. mart.* XII: *Testimon.* III, 17; Clem. Alex. *Strom.* IV. ix, etc.

[2] Acta S. Perpet. § 11. 12, 13; Acta S. Montani, § 11 (*Acta sincera*, p. 98, 99. 233). Cf. *Apocal.* c. 1.

[3] *Conc. Carthag.* III, c. xlvii; Mabill. *Liturg. gallic.* p. 20. 21, 39, 385. 405. 407. etc.

[4] VI, x.

[5] *Apologet.* XXXVII : « Quando vel una

3.

sée que le fougueux apologiste indique tout en la repoussant. « J'en sais, écrivait saint Cyprien, j'en sais un grand nombre « qui, sous le poids des maux et des violences, aspireraient à se « venger sur l'heure. Qu'ils n'en fassent rien, ajoutait-il, car « le Seigneur a dit : Attendez mon jour; je rassemblerai les na- « tions et les rois et je les accablerai de ma colère. Ce jour pa- « raîtra comme un gouffre de feu, et les méchants seront consu- « més comme la paille [1]. » Vingt textes saints promettaient cette justice. Le Deutéronome, les Proverbes, Salomon, Malachie, Sophonie, le Psalmiste, Isaïe, le Livre des Machabées, le Saint de Pathmos, l'annonçaient, en ordonnant de laisser venir l'heure de Dieu [2]. « Notre patience, écrivaient les Pères, nous « vient de la certitude d'être vengés [3]; elle amasse des charbons « ardents sur la tête de nos ennemis [4]. Quel grand jour que « celui où le Très-Haut comptera ses fidèles, enverra les cou- « pables aux enfers et jettera nos persécuteurs dans l'abîme des « feux éternels [5]. Quel spectacle immense, quels seront ma joie, « mon admiration et mon rire! Que je triompherai à contem- « pler, gémissants dans les ténèbres profondes, avec Jupiter et « leurs adorateurs, ces princes, si puissants, si nombreux, que « l'on disait reçus au ciel après leur mort! Quel transport que « de voir les magistrats, persécuteurs du saint nom de Jésus, « consumés par des flammes plus dévorantes que celles des bû- « chers allumés pour les chrétiens [6]. »

« nox pauculis faculis largiter ultionis pos- « set operari, si malum malo dispungi « penes nos liceret. »

[1] *De bono patientiæ*, XXI, XXII : « Sed quoniam plurimos scio, fratres dilectis- simi, vel pondere injuriarum angentium vel dolore de iis quæ adversum se gras- santur et seviunt, vindicari velociter cupere… » etc.

[2] S. Cypr. *loc. cit.*; *Exhort. mart.* XI. XII; *Ad Demetr.* XVII, XXIV.

[3] S. Cypr. *Ad Demetr.* XVII; cf. Ter- tull. *Ad Scapul.* II.

[4] Tertull. *De fuga*, XII.

[5] S. Cypr. *Epist.* LVI. ad Thibarit. § 10.

[6] Tertull. *De spectac.* § 30; S. Cypr. *Ad Demetr.* § 24.

Tel était le spectacle réservé à la foule des fidèles; mais ceux qu'aurait sanctifiés le martyre devaient, de plus, avoir leur part dans ces actes de l'éternelle justice.

Aux jours de lutte de l'Afrique chrétienne, pendant ce repas libre que les païens concédaient à ceux qui devaient mourir, l'un des compagnons de sainte Perpétue disait à la foule curieuse : « Regardez-nous bien tous au visage pour nous « reconnaître au jugement dernier [1]. » Siéger au tribunal du Christ et juger avec lui à cette heure redoutable, c'était là, en effet, un privilége réservé aux héros de la foi [2]. Devant eux paraîtraient nus et tremblants ces magistrats impies qui leur avaient fait souffrir tant de maux, et le martyr, au milieu de ses angoisses, s'affermissait encore par cette pensée [3].

Malgré les promesses d'en haut, malgré les saintes ardeurs d'une foi sans bornes, de secrètes terreurs, cependant, agitaient les plus résolus. La force ne leur manquerait-elle pas au milieu des tourments? Leur constance dans la torture demeurerait-elle inébranlable? Des Actes africains, précieux entre les autres, puisque leur simplicité naïve montre plusieurs fois, chez les martyrs, en même temps que l'aspect héroïque, le côté humain et réel, racontent ainsi une vision de saint Flavien : « Il me sembla que j'interrogeais notre évêque « Cyprien, le premier qui eût été immolé avant nous pour le « Christ. Je lui demandais si le coup de la mort causait une « grande douleur. Appelé au martyre, je m'inquiétais de « savoir ce que j'aurais à endurer. Il me répondit : Lorsque « l'âme est toute dans le ciel, la chair qui souffre n'est plus

[1] Passio S. Perpet. § 17 (*Acta sinc.* p. 100).

[2] Tertull. *Ad martyras*, c. 11; Euseb. *H. E.* VI, xliii; S. Cypr. *Exhort. mart.*

S. August. *Epist.* clvii, Hilario. § 36; *Sermo* cclxxii, in natal. S. Vincent. § 2.

[3] S. Cypr. *Exhort. mart.* c. xi et xii.

Préparation au martyre.

« la nôtre ; le corps reste insensible quand l'esprit est en
« Dieu [1]. »

Cette pensée, les termes mêmes qui l'exprimaient, étaient
de tradition chez les chrétiens d'Afrique ; soixante années auparavant, Tertullien disait : « Les tortures nous trouvent in-
« sensibles lorsque l'âme est toute dans le ciel [2], » et, vers le
même temps, sainte Félicité proclamait que, dans l'amphithéâtre, le Seigneur serait en elle pour souffrir à sa place [3].

Partout et toujours, je trouve la même confiance. Depuis le
célèbre martyre de Lyon, où « le Christ souffrit pour Sanctus [4], »
jusqu'à ce temps des dernières poursuites où saint Théodoret
disait : « Non sentio, quia Dominus mecum est [5], » les Actes
des saints nous montrent les idolâtres déchirant des chairs
devenues insensibles par une grâce d'en haut. Une source
d'eau vive, écrivait l'Église de Lyon, s'échappait du flanc de
Notre-Seigneur, apportant au fidèle le rafraîchissement et la
force [6]. Un martyr racontait que, pendant la torture, un jeune
homme l'assistait, essuyant d'une étoffe blanche la sueur de
son corps, et lui versait une eau fraîche et réparatrice : « J'en
« ressentais, disait le chrétien, une jouissance ineffable, et ce
« fut pour moi une douleur que de descendre du chevalet [7]. »

Voilà ce que, par la bouche des saints, par le récit de leur
victoire, l'Église répétait à ses enfants ; la force leur viendrait
de l'étendue de leur foi. On l'avait pu voir au cirque même.

---

[1] Passio S. Montani, § 21 (*Acta sinc.*
p. 257) : « Alia caro patitur, cum anima in
« cœlo est. Nequaquam corpus hoc sentit
« cum se Deo tota mens devovit. »

[2] *Ad martyras*, c. 11. « Nil crus sentit in
« nervo, cum anima in cœlo est. »

[3] Passio S. Perpet. § 15 (*Acta sinc.*
p. 101) : « Illic autem alius erit in me qui
« patietur pro me, quia et ego pro illo pas-
« sura sum. »

[4] Euseb. *H. E.* V, 1.

[5] Passio S. Theodoreti, § 3 (*Acta sinc.*
p. 590).

[6] Euseb. *H. E.* V, 1.

[7] Rufin. *H. E.* I, xxxvi ; cf. Theodoret.
H. E. III. xi.

Meurtrie par une vache furieuse, et ramenée ensuite hors de l'amphithéâtre, sainte Perpétue sortait seulement alors de son extase, demandant quand on l'exposerait aux coups de la bête irritée [1]. Comme Blandine, livrée au même supplice, elle était demeurée insensible, pendant que son âme, élevée par la prière, conversait avec le Seigneur [2].

Malgré leurs colères, les idolâtres voyaient avec admiration la merveilleuse constance des fidèles [3]. Dans son livre contre le christianisme, Celse applaudit à ceux qui, devant le danger, n'abandonnent point leur foi. Ceux-là, dit-il, sont méprisables, qui, pour se soustraire à la mort, abjurent ou feignent d'abjurer [4]. Un secours venait ainsi du camp païen, car l'Église elle-même ne tenait pas un autre langage. Aux âmes timides, elle rappelait qu'à Lyon les apostats avaient, et plus cruellement que les saints, été soumis à la torture ; elle disait leur morne attitude, le dégoût profond qu'en avaient ressenti les persécuteurs [5]. Faire acte d'idolâtrie, quand on était chrétien, c'était appeler, avec leurs railleries, celles des juifs, ces éternels ennemis de notre croyance [6]. Au temps de Dèce, la multitude païenne riait des malheureux amenés devant les autels et qui ne savaient trouver la force de sacrifier ni celle de mourir [7]. A côté de leurs visages blêmis par la terreur et par la honte, la face du martyr s'illuminait de ce feu d'inspiration divine que nous retrouvons aux catacombes sur les traits des chrétiens en prière, et qui, même au milieu d'une foule, suffisait à trahir le fidèle [8].

---

[1] Passio S. Perpet. § 20 (*Acta sinc.* p. 101).

[2] Euseb. *H. E.* V. I.

[3] *Ibid.* et ci-dessus, p. 5, 6.

[4] *Contra Celsum*, l. I, p. 8.

[5] Euseb. *H. E.* V. I.

[6] Passio S. Pionii. § 4 (*Acta sinc.* p. 141).

[7] Euseb. *H. E.* VI, XLI.

[8] Euseb. *H. E.* V, I; Passio S. Jacobi. § 9 (*Acta sinc.* p. 227).

Telle était l'attitude des croyants désignés à l'admiration de tous. Les mots étaient impuissants à dire la gloire, le bonheur de ces saintes victimes : « Dies victoriæ, dies ille signatus, ille promissus, ille divinus; » c'était ainsi que l'on parlait, au temps même des persécutions, du jour où les martyrs consommaient leur sacrifice [1].

Cette immense soif de la mort, cette indomptable passion de souffrir, ressentie par les âmes ardentes et qui dut être parfois modérée [2], la parole, l'exemple du Seigneur l'inspiraient, et ceux-là demeuraient plus inébranlables qui savaient le mieux les préceptes divins. Là seulement était la sauvegarde contre les incitations perfides, les terreurs et les défaillances. Aussi, dès que la persécution s'annonçait menaçante, l'Église multipliait ses efforts. Saint Cyprien répandait autour de lui les encouragements au sacrifice suprême, fonctions bénies, au milieu desquelles il souhaitait de trouver le martyre [3], et saint Apollinaire d'Égypte visitait ardemment les fidèles pour les préparer au combat [4].

Ce n'était point seulement par la parole que le dévouement des pasteurs travaillait à assurer la victoire. De petits traités s'écrivaient alors, pour rappeler, dans une forme brève et saisissante, les commandements et les promesses d'en haut.

Rien ne le montre mieux que le début d'un livre composé par saint Cyprien, dans un de ces instants de trouble et de gloire. « Au moment où la persécution et ses angoisses vont

[1] Passio S. Perpet. § 18; Pontius, Vita et passio S. Cypriani, § 16 (Acta sinc. p. 100 et 214).

[2] Smyrn. Eccles. epist. de martyr. S. Polycarp. (Acta sinc. p. 38); S. Cypr. Epist. LXXXII, presbyteris et diacon. § 2; Acta S. Cypr. § 1 (Acta sinc. p. 216);

Petri Alexandr. Canones. § 8 (Labbe, Concil. t. I, p. 959); S. August. Brev. collat. cum Donat. Dies, III, c. XIII, § 25.

[3] Pontius, Vita et passio S. Cypr. § 14; cf. S. August. Sermo CCCXII, De Sanctis.

[4] Rufin. De vitis Patrum, c. XIX.

« nous atteindre, où la fin du monde et la venue de l'Antechrist
« sont proches, tu as souhaité, mon cher Fortunat, écrivait
« l'évêque de Carthage, tu as souhaité que, pour préparer et
« affermir les âmes des frères, je choisisse, dans les saintes
« Écritures, des exhortations qui excitent au combat les soldats
« de Jésus-Christ. Dans la mesure de ma faiblesse, qu'assis-
« tera l'esprit d'en haut, je tirerai des paroles du Seigneur
« des armes destinées aux fidèles. Ce serait peu que, comme
« l'accent d'un clairon, notre voix animât le peuple de Dieu,
« si nous ne soutenions par les textes saints la foi et le courage
« des croyants. Pour ne point fatiguer de longs discours celui
« qui lira ou écoutera mes paroles, je n'ai fait ici qu'un abrégé.
« Des divisions, faciles à apprendre et à retenir, comprendront
« les préceptes divins, et je t'envoie moins un traité de ma
« main que des matériaux mis en ordre pour ceux-là qui vou-
« draient écrire eux-mêmes[1]. »

Nous ne possédons, je crois, que sept compositions qui, de
près ou de loin, se rattachent à la matière indiquée par le saint
évêque, et, parmi ces traités, celui dont je viens de citer la
préface, une *Exhortatio ad martyrium*, laissée par Origène, sont
les seuls qui puissent être tenus, s'il m'est permis de m'expri-
mer ainsi, comme de vrais manuels du chrétien amené devant
le tribunal. L'*Ad martyras*, le *Scorpiace* de Tertullien, les *Libri
testimoniorum* et la lettre *Ad Thibaritanos* de saint Cyprien, le
livre anonyme *De laude martyrii*, sont des instructions, à coup
sûr importantes, mais moins directes dans leur allure, et ne
présentent point, au même degré que les deux autres, le carac-
tère pratique et précis qu'il importait de donner à ces ou-
vrages. J'incline donc à penser que, selon l'indication de saint

---

[1] *De exhortatione martyrii*, Praefatio.

Cyprien, il a dû circuler, chez les fidèles, un certain nombre de traités du même type que le sien, composés aussi à l'aide de l'Écriture et formant des catéchismes spéciaux. Une autre raison me conduit à admettre l'existence de ces livres enfantés par la persécution et disparus en même temps que ses rigueurs : c'est que, parmi les Exhortations connues, une seule appartient à ces pays de langue grecque qui comptèrent tant de martyrs, et dont les saints pasteurs ne montrèrent pas, à coup sûr, moins de dévouement et de sollicitude que ne le faisaient les chefs des Églises d'Occident. Je dois le rappeler d'ailleurs : aux temps anciens, les gros livres étaient rares, sans doute, et de grand prix[1], la masse des chrétiens pauvre, les illettrés nombreux. Pouvoir, savoir trouver dans les saintes Écritures les textes qui enseignaient la constance, devenait ainsi pour le plus grand nombre chose difficile, sinon impraticable. La diffusion des Exhortations faites pour la lecture privée comme pour l'enseignement[2] en était d'autant plus nécessaire, et je m'étonnerais que saint Cyprien se fût abusé en parlant des fidèles qui se proposeraient d'en écrire, et pour lesquels il se bornait, disait-il, à rassembler des matériaux[3].

Quoi qu'il en soit, et devant la force indomptable que déployèrent les fidèles persécutés, il ne sera pas sans intérêt de réunir et d'indiquer, après de longs siècles, la série des commandements divins où les saintes victimes puisèrent, avec la foi, une constance qui étonne notre faiblesse. Les textes sacrés reproduits dans les paroles des martyrs, en même temps qu'ils

[1] Au V⁰ siècle, c'est-à-dire dans un temps où les livres chrétiens devaient être plus nombreux qu'à l'époque des persécutions, un manuscrit contenant l'Ancien et le Nouveau Testament est cité comme valant 18 sous d'or. (Cotelerius, *Monumenta Ecclesiæ græcæ*, t. I, p. 410; Rosweyde, *Vitæ Patrum*, p. 630.)

[2] Cypr. *De exh. mart.* Præfat. § 2 : « audientem et legentem. »

[3] *Id.* § 3 : « materiam tractantibus præbuisse. »

se retrouvent dans les Exhortations parvenues jusqu'à nous, donneront l'ensemble de ces préceptes.

L'Ancien Testament n'y est représenté que par deux de ces livres. Je rencontre tout d'abord ces mots de l'Exode, uniformément répétés par les saints, d'après la version antique, si différente de notre Vulgate[1] : « Sacrificans diis eradicabitur, « nisi Deo soli[2]. » Puis viennent plusieurs versets des Psaumes : « Omnes dii gentium dæmonia ; Dominus autem cœlum fecit[3]. « Quid retribuam Domino pro omnibus quæ retribuit mihi? « Calicem salutaris accipiam et nomen Domini invocabo[4]. Do- « minus mihi adjutor, non timebo quid faciat mihi homo[5]. Si- « mulacra gentium argentum et aurum, opera manuum homi- « num. Os habent et non loquentur, oculos habent et non « videbunt. Neque enim spiritus in ore ipsorum. Similes fiant « illis qui confidunt in eis[6]. » Plus souvent encore les préceptes du Christ sont opposés par les fidèles aux magistrats païens, et alors, chose digne de remarque, bien que tous les Évangiles contiennent des commandements relatifs aux persécutions,

<hr>

[1] *Exod.* xxii, 20. La Vulgate donne ici : « Qui immolat diis occidetur, præterquam « Domino soli. »

[2] Voir, pour les Exhortations, Origen. *Exhort. ad mart.* XLV ; S Cypr. *De exhort. mart.* XLV. — Pour les réponses des martyrs : Acta S. Montani, § 14 ; Acta S. Iren. § 2 ; Acta S. Pollion. § 3 ; Acta S. Phileæ, § 1 ; Acta S. Quirini. § 2 ; Acta S. Petri Balsami, § 1 (*Acta sinc.* p. 234, 402, 405. 494, 498, 502). Cf. Euseb. *H. E.* VIII, x. *in fine.*

[3] *Ps.* xcv, 5. — Origen. *Exh. ad mart.* XXXII ; cf. S. Cypr. *Testimon.* III, lix. — Acta S. Quirini, § 2 ; Acta S. Patric. § 2 (*Acta sinc.* p. 498 et 556).

[4] *Ps.* cxv, 12, 13. — Origen. *Exh. ad mart.* XXVIII, XXIX. — Acta S. Balsami, § 2 (*Acta sinc.* p. 503).

[5] *Ps.* cxvii, 6. — Cyprian. *De exhort. mart.* X ; cf. *Testimon.* III, x. — S. Basil. *Homil.* XIX, de S. Gordio martyre. § 5 (t. II, p. 146).

[6] *Ps.* cxxxiv, 15-18. — Cyprian. *De exh. mart.* I, cf. *Testim.* III, lix ; Pseudo-Cypr. *De laude mart.* V ; Tertull. *Scorpiace.* II.— Acta S. Balsami, § 1 ; Acta S. Fausti ; Acta S. Theodoriti, § 3 ; Acta S. Bonosi. § 1 (*Acta sinc.* p. 502, 536, 580, 593 ; Acta S. Felic. (édit. de Baluze, à la suite des œuvres de saint Optat).

bien que les Exhortations au martyre citent indifféremment à
ce sujet les quatre évangélistes, un seul texte, celui de saint
Matthieu, est rappelé par les saints. Alors même que les passages allégués se retrouvent dans plusieurs Évangiles, le livre
cité est toujours celui de l'apôtre qui publia le premier les faits
et les paroles du Sauveur; de celui qui, selon le mot de saint
Ambroise, traça les règles de la vie chrétienne [1].

Je transcris les passages de saint Matthieu que reproduisent
en même temps les *Exhortationes* et les réponses des saints
amenés devant le tribunal : « Beati qui persecutionem patiun-
« tur propter justitiam, quoniam ipsorum est regnum cœlo-
« rum [2]. Quam angusta porta et arcta via est quæ ducit ad vi-
« tam [3]. Cum autem persequentur vos in civitate ista, fugite in
« aliam [4]. Et nolite timere eos qui occidunt corpus, animam
« autem non possunt occidere; sed potius timete eum qui po-

[1] *Expositio Evangelii secundum Lucam*,
Prolog. § 3. Sur le point que je signale,
les *Acta sincera* sembleraient cependant
pouvoir fournir une exception : c'est dans
le passage où saint Philéas, sommé par le
magistrat de jurer, oppose les paroles du
Sauveur, « Sit vestrum : Est, est, non, non. »
et cela dans une forme qui se rapproche
moins du texte courant de saint Matthieu
(V, xxxvii) que de la reproduction qu'en a
fait saint Jacques (*Epist.* V, xii); mais je
dois noter ici que saint Clément (*Homil.*
III, § 55; *Homil.* XIX, § 2) et saint Justin (*Apol.* I, § 16) ont fait de même dans
des passages où ils citent manifestement
le verset de saint Matthieu, et que d'ailleurs les manuscrits présentent souvent,
sur ce même point, échange et confusion
des termes employés dans l'Évangile et
dans l'Épître. (Voir Matthæi, *Evang. sec.*
Matth. ex cod. Mosquensib. p. 76; Millius,
Nov. Testam. éd. de 1720, p. 550; Gries-
bach, *Nov. Testam.* 1786-1806, t. II,
p. 520.) Rien ne détermine donc le texte
auquel se référait saint Philéas; on de-
meure ainsi en droit de penser qu'il a cité
l'original plutôt que la reproduction et
que, d'après le fait mis en lumière par l'ensemble des Actes, il a, comme les autres
martyrs, pris sa réponse de saint Matthieu.

[2] Matth. V, x. — Cf. S. Cypr. *Testim.*
III, xvi. — Acta S. Eupli, § 1 (*Acta sinc.*
p. 407).

[3] Matth. VII, xiv. — Origen. *Exh. ad
mart.* XLII; cf. Cypr. *Testim.* III, vi. —
Acta S. Leon. § 3 (*Acta sinc.* p. 547).

[4] Matth. X, xxiii. — Origen. *Exh. ad
mart.* § 34. — Acta S. Quirini, § 2 (*Acta
sinc.* p. 498).

« test et animam et corpus perdere in gehennam [1]. Omnis ergo
« qui confitebitur me coram hominibus, confitebor et ego eum
« coram Patre meo qui in cœlis est. Qui autem negaverit me
« coram hominibus, negabo et eum coram Patre meo qui in
« cœlis est [2]. Qui diligit patrem aut matrem super me non est
« me dignus. Et qui diligit filium aut filiam super me non est
« me dignus [3]. Si quis vult post me venire, abneget semetip-
« sum et tollat suam crucem et sequatur me [4]. Qui reliquerit
« domum, vel fratres aut sorores, aut patrem, aut matrem, aut
« uxorem, aut filios, aut agros, propter nomen meum, centu-
« plum accipiet, et vitam æternam possidebit [5]. »

Saint Denis d'Alexandrie qui, empruntant sa réplique aux
Actes des apôtres, répondit au juge : « Il vaut mieux obéir à Dieu
« qu'aux hommes, » racontait ensuite que ce mot lui était venu
de lui-même à la bouche [6]. Cent cinquante ans après, saint
Quirin disait au proconsul : « Le Seigneur qui m'assiste va te
« répondre par ma voix [7]. » C'était encore de l'Évangile que venait au martyr cette confiance dans la sûreté de sa parole. Le
Seigneur avait dit à ses fidèles [8], et les saints pasteurs le répé-

---

[1] Matth. X, xxviii. — Origen. *Exhort. ad mart.* § 34; cf. Tertull. *Scorpiace*, IX; S. Cypr. *Epist.* LVI, Ad Thibarit. § 7 et la lettre de saint Eugène de Carthage, dans Grégoire de Tours, *H. Fr.* II, iii. — Acta S. Vincent. § 6 (*Acta sinc.* p. 369).

[2] Matth. X, xxxiii — S. Cypr. *De exhort. martyr.* V; Origen. *Exhort. ad martyr.* § 10, 34. 37; cf. Tertull. *Scorpiace*, IX; S. Cypr. *Testimon.* III, xvi; Pseudo-Cypr. *De laude martyrii*, XI. — Acta disputationis S. Achatii, § 3; Acta S. Tryphonis, § 4; Passio S Iren. § 3 (*Acta sincer.* p. 154, 613 et 402); Victor Vitensis, *Passio vii monach.* § 5.

[3] Matth. X, xxxvii. — S. Cypr. *De exh. mart.* § 6; Origen. *Exh. ad mart.* § 38; cf. S. Cypr. *Testimon.* III. xviii. — Acta S. Iren. § 4 (*Acta sinc.* p. 403).

[4] Matth. XVI, xxiv. — Origen. *Exh. ad mart.* XII. — Acta S. Eupli, § 1 (*Acta sinc.* p. 407).

[5] Matth. XIV, xxix. — Origen. *Exh. ad mart.* XIV. — S. August. *Sermo* cccxxvi. In natali martyrum, § 2.

[6] Euseb. *H. E.* VII. xi.

[7] Passio S. Quirini, § 2 (*Acta sinc.* p. 498).

[8] Matth. X, xviii, xix.

taient quand la persécution menaçait l'Église [1] : « Vous serez
« menés devant les gouverneurs et devant les rois afin de me
« rendre témoignage en leur présence et en face des gentils.
« Lorsque l'on vous remettra entre leurs mains, ne vous in-
« quiétez point de savoir comment vous parlerez, ni ce que
« vous aurez à dire; cela vous sera donné à l'heure même; car
« ce n'est point vous qui parlez, mais l'Esprit de votre Père qui
« parle en vous. » Pour recevoir la grâce, le don précieux que
lui promettait ainsi Jésus, pour que les paroles de Dieu lui vins-
sent aux lèvres dans le moment suprême, il importait au chrétien de bien connaître la loi qu'il allait confesser au prix de sa
vie. Dans ce savoir était la source de toute constance. « Je ne
« connais point vos dieux, s'écriait saint Léon devant le ma-
« gistrat païen, jamais je ne consentirai à leur sacrifier, car je
« sais les précieux commandements des Écritures [2]. » Plus tard,
alors que les Vandales ariens persécutèrent les catholiques,
une femme, puisant sa force dans la connaissance des livres
saints, encourageait, au milieu de ses tourments, les autres
fidèles au martyre [3].

En même temps que des préceptes et des encouragements,
les Écritures offraient aux chrétiens d'héroïques exemples. Isaïe,
les trois jeunes hébreux, Daniel jeté dans le repaire des bêtes
féroces, Zacharie, Éléazar, les Machabées et leur sainte mère,
étaient les types de la constance. Les Exhortations citaient avec
admiration leurs actes et leurs paroles [4]; leur cri suprême devait

---

[1] S. Cypr. *Epist.* LVI. Ad Thibaritanos,
de exhortatione martyrii, § 5 : *Epist.*
LXXXVII. Ad clerum et plebem, § 2.

[2] Certamen S. Leonis. § 4 : *Acta sinc.*
p. 547. Cf. Euseb. *H. E.* VIII. x.

[3] Victor Vitensis, *Historiæ persecutionis
Vandalicæ*, l. V. c. i : « Et quia erat Scrip-

« turarum divinarum scientia plena, apta-
« tis artata pœnis, et ipsa jam martyr, alios
« ad martyrium confortabat. »

[4] Tertull. *Scorpiace*, § 8 ; S. Cypr. *De
exh. mart.* § 11 : *Epist.* LVI, Ad Thibar.
§ 5, 6 ; Origen. *Exhort. ad mart.* § 33.

être celui du martyr expirant. « Quand vous serez venus, par
« les tortures, aux portes de la mort qui est la liberté, dites
« alors, écrivait Origène : Seigneur, toi qui sais toute chose, tu
« le vois, j'endure de cruels tourments et je pourrais cependant
« me soustraire au trépas; mais je souffre de grand cœur par
« la crainte de ton nom[1]. » Telle avait été la prière du vieil
Éléazar mourant, comme l'avaient fait depuis tant de chrétiens, pour ne pas goûter aux viandes défendues[2].

Dans ces âges de simplicité, le nombre des illettrés était
grand, je le répète, et, pour frapper l'esprit de la multitude, ce
n'était pas assez que d'écrire. De là, cette pensée familière aux
anciens : « On obtient davantage en représentant un fait qu'en
« le racontant; Dieu l'a voulu ainsi pour le bien de la foule
« ignorante[3]. » Si les premiers fidèles n'avaient point coutume
de retracer par la peinture les souffrances des martyrs, la
constance, le triomphe des saints de l'ancienne loi se plaçaient
couramment, au contraire, sous les regards de tous. Nous le
voyons par les fresques des catacombes, où, dès l'âge des persécutions, se représentaient les jeunes israélites jetés à la four-
naise, Daniel exposé dans le repaire des lions[4]. En même temps
que l'idée de la résurrection, symbolisée par une miraculeuse
délivrance, leurs images rappelaient les prodiges du courage
soutenu par la foi et la protection que le Seigneur accordait
à ses fidèles. Vingt textes chrétiens, qui nous montrent, dans
ces héros de l'Ancien Testament, les véritables types du mar-

[1] *Exh. ad mart.* XXII.
[2] II *Mach.* vi, 30.
[3] S. Basil. *Homil.* XIX, De xl. martyrib.
§ a; S. Greg. Nyss. *Laudes S. Theodori martyris*, initio; S. Aster. *Enarr. in mart. Euphem*; S. Gregor. *Moralia*, IX, ix; *Conc. Nicen.* a° 787, act. IV; Honor. August. *Gemma animæ*, l. cxxxii: *Inscr. chrét. de la Gaule*, t. I, p. 251, etc.

[4] Je laisse ici de côté les verres peints et les sarcophages où les mêmes représen-
tations figurent, mais dont la plus grande part semble postérieure au triomphe de l'Église.

tyr [1], permettent de compter de tels tableaux parmi les nombreux enseignements répandus par l'Église pour exhorter ses enfants au sacrifice suprême.

J'ai dit plus haut, en invoquant le témoignage de saint Cyprien, que de nombreux écrits avaient dû être consacrés à cette œuvre, que les traités arrivés jusqu'à nous ne représentent sans doute qu'une faible part des instructions placées alors sous les yeux des fidèles. Un trait particulier à l'histoire des martyrs m'affermit dans cette pensée. Quels que soient les lieux et les temps où se soient engagées les poursuites, les premières réponses des saints aux magistrats offrent une identité frappante. Alors que le juge, au début de l'interrogatoire, demande au fidèle quel est son nom, quelle est sa famille, sa condition, sa profession, sa patrie, au premier comme au dernier âge des persécutions, en Occident comme en Orient, un grand nombre de martyrs répondent par ces seuls mots : « Je suis chrétien [2]. » Cette déclaration uniforme, à laquelle rien ne se réfère, dans les Exhortations connues, qui peut ainsi l'avoir inspirée en des

---

[1] S. Clem. *Ep. ad Corinth.* 1, 45; Tertull. *Scorpiace*, § 8; S. Cypr. *Epist.* LVI, Ad Thibarit. § 5; *Epist.* LXXXI, Ad Sergium et Rogat. § 3; *De lapsis*, § 19 et 31; *De exh. mart.* § 11; *Orat. S. Cypr. Antioch.* (ad calcem opp. S. Cypr.); Origen. *Exh. ad mart.* § 33; *Const. Apost.* V, VII; Acta S. Fructuosi, § 4 (*Acta sinc.* p. 221); Prudent. *Peristeph.* VI, v. 109; S. Hilar. *Contra Constant. Imper.* § 4; S. Chrysost. *Homil.* II *ad pop. Antioch.* § 4, 5; *Homil. in S. Drosid.* § 4; *Epist.* CXXV ad Cyriac. T. II, p. 79, 80 et 693; t. III, p. 668.; Isid. Hispal. *Alleg. sacræ Script.* éd. de 1601, p. 520; *Conc. Tolet.* IV, c. XIV.

[2] Euseb. *H. E.* V. 1; S. Chrysost. t. II, p. 528, *Homil. in S. Lucianum;* Beda, *Hist. gent. Angl.* I, VII; Passio S. Pionii, § 9; Acta S. Cypr. § 1; Certamen S. Nicephori, § 3; Passio S. Bonifacii, § 8; Acta S. Saturn. § 8, 16; Acta S. Didymi, § 1; Acta S. Tarachi. § 1, 2, 3; Theodori episc. Epist. § 2; De mart. S. Cyrici, § 2; Passio S. Sereni, § 3; Passio S. Balsami, § 1; Acta S. Basil. Ancyr. § 3 et 5. (*Acta sinc.* p. 144, 216, 241, 287, 388, 389, 397, 423, 425, 426, 478, 493, 502, 582, 584.) Cf. Hieron. *Epist.* XXII. Ad Eustoch. § 30; Sulp. Sev. *De vita B. Martini*, c. V.

lieux, en des temps si divers, si ce n'est une série d'instructions, perdues pour nous, mais répandues autrefois dans toutes les Églises par des écrits comme par la parole?

Ainsi se préparaient au combat ceux-là qui devaient vaincre en périssant pour la foi. Les paroles du Christ, la voix des pasteurs et des martyrs, étaient, comme le disent souvent les Actes des saints et des Pères, le clairon qui enflammait leur courage et les poussait au combat[1]; les textes de l'Écriture, gravés dans leur mémoire, devenaient le bouclier divin qui devait les faire invincibles. « Ne pense pas m'effrayer par tes « menaces, » disait au proconsul étonné un martyr nu et déchiré de blessures, « revêtu des armes de Dieu, je suis préparé « à tout souffrir[2]. »

Devant le tribunal même, les fidèles trouvaient encore un secours et un appui. Du milieu de la foule, des chrétiens, qui les suivaient ardemment du regard, osaient, au péril de la vie, les encourager à la constance[3]. Alors se présentait un spectacle qui glaçait d'étonnement les païens. Les fidèles applaudissaient à voir leurs parents, leurs époux, leurs enfants, périr dans les supplices pour le nom du Seigneur[4]. Une sainte femme criait à son mari : « Lève les yeux en haut et tu verras « celui pour lequel tu combats. C'est en lui que tu trouveras « secours. — Misérable, disait le proconsul, pourquoi sou-

---

[1] S. Cypr. *Epist.* XXVI, Ad Moysen, § 4; *Epist.* LXXVII, Nemesiani ad Cyprian. § 2; *De exhort. mart.* Præf. § 4; S. August. *Sermo* cccxii in nat. Cypr. mart. § 4; *Sermo* cccxxxi in natali martyr. § 1; Passio S. Jacobi, § 12; Passio S. Rogat. § 2 (*Acta sinc.* p. 229 et 380).

[2] Acta S. Tarachi. § 4 : Ἕτοιμός σοι εἰμι πρὸς πάντα, φέρων τὰ ὅπλα τοῦ Θεοῦ (*Acta sinc.* p. 436). Cf. S. Cypr. *Epist.* LIV, Ad Cornel. § 1; *Epist.* LVI, Ad Thibarit. § 7; *De exhort. mart.* Præfat. § 3; *De lapsis*, II.

[3] Euseb. *H. E.* V, 1; VI. xli; Acta S. Theodot. § 6 (*Acta sinc.* p. 339).

[4] S. Cypr. *Epist.* XXXV, Ad clerum: Euseb. *H. E.* III. xxx; Acta S. Felic. § 2; Acta S Perpet. § 5, 6 (*Acta sinc.* p. 26, 27, 95). Voir encore ci-dessous. p. 26, note 2.

« haiter la mort de ton époux? — Afin qu'il vive auprès de
« Dieu, reprenait la chrétienne, et qu'il ne meure jamais[1]. »
Chaque jour, en ces temps d'héroïsme, se renouvelait l'acte
surhumain de la mère des Machabées[2].

Dans les cachots, comme devant le tribunal, les fidèles portaient aux saints l'encouragement de leur présence, de leur
admiration, de leur parole[3]. L'Église, qui faisait célébrer le
divin sacrifice près des frères prisonniers[4], recommandait de
tout son pouvoir aux fidèles ces pieuses visites[5].

Ce n'était point seulement la nourriture de l'âme qu'il fal-
lait porter aux martyrs. Dans le régime ordinaire de la prison,
la dureté des anciens âges se montrait avec toute son horreur.
Souvent, aux malheureux plongés dans des cachots infects, les
aliments étaient donnés d'une main avare, et, si les gardiens
ne permettaient, à qui payait leur complaisance, de pénétrer
dans ces lieux sombres, les tourments de la faim venaient
s'ajouter, pour les captifs, à tant d'autres douleurs[6].

Autant et plus durement que tous les autres, les martyrs
avaient à supporter ces épreuves[7]. Maintenir leur courage en
soutenant leurs forces était une œuvre vraiment chrétienne, et

[1] Passio S. Marciani. § 1 (*Acta sinc.*
p 452).

[2] Passio S. Symphor. § 7 : Passio S.
Jacobi. § 13 ; Passio S. Montani, § 16 et
21 : Acta S. Maximil. § 3 (*Acta sinc.*
p. 82, 229. 235; 237, 302). S. Basil.
Homil. XIX in S. XL mart. § 8 : Prudent. *Peristeph.* X. De S. Romano, v. 711
et suiv.

[3] Acta S. Tarachi, § 8. *in fine* (*Acta sinc.*
p. 441), etc.

[4] S. Cypr. *Epist.* IV. Ad presbyt. et
diac. § 1 : Lucian. *De morte Peregrini.*
§ 12.

[5] S. Cypr. *Epist.* IV. Ad presbyt. et
diac. § 2 : *Epist.* X, Ad martyres, § 1 : Con-
stit. apostol. V, 1.

[6] Cic. II *Verr.* 5, 45; Sallust. *Hist.
fragm.* III, x ; Libanius, *De vinctis; Contra Tisamen.*

[7] S. Cypr. *Epist.* XV. Ad Moysen, § 3 :
Euseb. *H. E.* X, viii; *Vita Const.* I, liv; S
Chrysost. *Homil.* XLVI, De S. Luciano,
§ 2 ; S. Damas. *Carm.* XVII; Passio S. Perpet. § 16 ; Passio S. Montani, § 6, 9,
13, 21 : Acta S. Felic. § 5 ; Passio S
Vincent. § 3 (*Acta sinc.* p. 100, 231,
232, 234, 238, 356, 367).

les fidèles s'y employaient avec une sainte ardeur. On se por-
tait en foule au secours des héros de la foi, et l'Église, dans sa
sagesse, dut régler l'ardeur de ce beau zèle. « Je vous en prie,
« écrivait saint Cyprien à son clergé, je vous en prie, appli-
« quez votre soin à nous assurer la paix. Quel que soit, chez les
« frères, le désir de visiter les saints confesseurs, qu'ils le fassent
« avec prudence, qu'ils ne viennent point tous ensemble et en
« grande troupe. Cela serait éveiller le soupçon et nous faire
« refuser l'accès des cachots. Nous pourrions tout perdre en
« voulant tout avoir. Faites donc en sorte que ces visites s'ac-
« complissent avec réserve[1]. »

Tout ce qui pouvait adoucir les maux d'une captivité ri-
goureuse, les chrétiens l'apportaient à leurs frères. Les idolâtres, les hérétiques s'étonnaient de ce pieux empressement.
Lucien le poursuivait de ses railleries. « Dès le matin, dit le
« satirique de Samosate, les vieilles femmes, les veuves, les
« orphelins se pressaient aux portes de la prison. Les princi-
« paux d'entre les chrétiens corrompaient les geôliers et pas-
« saient la nuit près du captif. On apportait des mets de toute
« sorte. Rien ne s'épargne alors, et la détention valut beaucoup
« d'argent à Pérégrinus, qui se créa un revenu considérable[2]. »
Les donatistes disaient de même. A écouter leurs calomnies,
plusieurs, dans la persécution, se faisaient emprisonner pour
amasser de l'argent et profiter des jouissances dues à la charité
des chrétiens[3]. Dans sa rigueur de montaniste, Tertullien s'irri-
tait des soins pieux qui, disait-il, amollissaient le martyr, et le
portaient, en l'énervant, à la faiblesse plutôt qu'à la constance.

Si l'on fait largement la part de ses exagérations et de ses

---

[1] *Epist.* IV. Ad presbyteros et diaconos, § 2.

[2] *De morte Peregrini*, XII. XIII.

[3] S. August. *Brevic. collat. contra Dona-tistas*, dies III^a. c. XIII, n° 25.

colères, il est intéressant de suivre, avec l'illustre Africain, les dernières phases du sacrifice sanglant qu'acceptèrent tant de fidèles. C'est dans le livre du Jeûne que ce grand esprit, si tristement tombé, nous montre, en même temps que le martyr puisant ses forces dans les maux qu'il accepte, le spectacle d'un chrétien amolli par les soins dont on l'a entouré et perdant ainsi l'honneur de confesser le Christ. La pratique du jeûne, dit Tertullien, c'est la rude école où doit se préparer le fidèle. « Voilà comment on s'endurcit à la prison, à la faim, à « la soif, aux privations et aux angoisses; voilà comment le « martyr sortira du cachot, tel qu'il y est entré, n'y rencon- « trant point des douleurs inconnues, mais ses macérations de « chaque jour; certain de vaincre dans le combat, parce qu'il « a tué sa chair et que sur lui les tourments ne trouveront « point à mordre. Son épiderme desséché lui sera comme une « cuirasse, les ongles de fer y glisseront comme sur une corne « épaisse. Tel sera celui qui, par le jeûne, a vu souvent de près « la mort et s'est déchargé de son sang, fardeau pesant et im- « portun pour l'âme impatiente de s'échapper. Il vous appar- « tient bien, continue-t-il en s'adressant aux catholiques, il « vous appartient bien de changer, pour des martyrs irrésolus, « les prisons en des cabarets, afin qu'ils ne regrettent point « leur vie accoutumée, ne prennent point d'ennui et ne s'épou- « vantent pas d'une abstinence nouvelle pour eux. Il n'avait « jamais essayé de se soumettre aux austérités, votre Pristinus, « qui n'a rien du martyr chrétien. Gorgé de tout, durant le « cours d'une détention nominale, il fréquenta les bains, il « épuisa toutes les jouissances d'ici-bas, préférables, pensait- « il, au baptême, aux biens de la vie éternelle. Tout cela fait, « apparemment, pour mieux le détourner de mourir, le soir du « dernier jour des assises, il parut devant le tribunal; mais le

« vin d'aromates que vous lui aviez versé pour soutenir ses
« forces l'avait énervé. Sous les ongles de fer, dont son ivresse
« ressentait à peine les atteintes, il ne put répondre au pro-
« consul et se dire l'esclave du divin Maître. Il ne confessa point,
« et les tourments ne tirèrent de sa bouche que les marques
« ignobles de l'intempérance[1]. »

Ce vin de la dernière heure, dont Tertullien repousse et
proscrit si rudement l'usage, les anciens le donnaient aux con-
damnés que l'on menait au supplice. Nous le voyons rappelé
dans la passion de N. S.[2], dans le récit de la mort de saint Fructueux[3]. Les chrétiens l'apportaient au martyr, empressés à lui
prodiguer leurs soins, réclamant le secours de ses prières, lui
donnant le baiser de paix, soutenant, enflammant son courage
par leur admiration enthousiaste.

Dès l'heure où s'annonçait la persécution, l'Église s'effor-
çait donc d'armer les soldats de Dieu. Dans la prison, devant
le tribunal, au lieu même du supplice, le chrétien recevait
encouragement et assistance; soit qu'il survécût au combat,
soit qu'il y pérît, le martyr, grandi par la majesté du sacrifice,
acquérait un renom immortel en même temps que la félicité
d'en haut. Les païens comprenaient quelle force donnait à la
victime volontaire l'enseignement et le secours qui la préparaient, la soutenaient pour la lutte, la glorification suprême
qui l'attendait dans le triomphe. Que tenter contre des fidèles
épris de la mort, passionnés de souffrir? Tarir en écrasant
ceux que la loi nommait *duces factionum*, la source des exhortations[4], épouvanter les esprits par l'exemple de châtiments
terribles? La sentence capitale rendue contre saint Cyprien

[1] *De jejunio*, c. XII.
[2] Marc. XV, XXIII. Cf. Renan, *Vie de Jésus*, p. 418.
[3] § 3 (*Acta sinc.* p. 220).
[4] L. 16, *De appellationibus. Digest* XLIX, 1.

exprime cette pensée, et voilà que les fidèles, en l'entendant, s'écrient d'une seule voix : « Que l'on nous décapite tous avec « notre évêque[1] ! » Las de carnage, un proconsul d'Asie avait dû renvoyer tous les chrétiens d'une cité accourus en foule devant son tribunal : « Malheureux, leur avait-il dit, n'avez-vous point, « si vous voulez périr, des cordes et des précipices[2] ? » Aucune souffrance, aucun danger n'intimidait les vrais croyants. Aux privations du cachot, saint Alcibiade était préparé par toute une vie d'abstinence[3]; suivre les martyrs devant le juge, au lieu même du supplice, recueillir leurs restes bénis, c'était jouer sa tête; Alexandre, Origène, Théodosie et tant d'autres, devaient-ils reculer devant ce péril[4] ? Ni l'anéantissement du corps, ni la privation de sépulture, si redoutée aux temps antiques, ne pouvaient ébranler les courages. On l'avait vu dans le récit de la passion de Polycarpe, de Pionius, de Fructueux, joyeux de périr dans les flammes pour mieux affirmer leur confiance en la résurrection des membres détruits par les bourreaux[5].

Voilà ce qu'enfantaient d'abnégation et d'héroïsme la confiance en la parole de Dieu, l'enseignement et les exhortations répandus parmi les fidèles. Ainsi que devant un mur d'airain, la colère des idolâtres se brisait devant tant de foi et de courage, impuissante à maîtriser le mouvement impétueux qui entraînait les âmes vers la justice et la lumière.

[1] Acta S. Cypr. § 4 et 5 (Acta sinc. p. 217).

[2] Tertull. *Ad Scapul.* V. Euseb. *H. E.* V, m.

[3] Euseb. *H. E.* V, i; VI, m et iv; VII, xi; *Mart. Palæst.* VII; S. Ambr. *De Offic.* I. xli; Prudent. *Perist.* XI. De S. Hippol. v. 136 et suiv.; Martyrium S. Ignatii, § 5; *Epist. Eccl. Smyrn. de martyrio S. Polycarpi.* § 18; Acta S. Cypriani. § 5; Acta S. Fructuosi, § 3; Passio S. Vincentii, § 9 (*Acta sinc.* p. 22, 44, 218, 220, 271) etc.

[4] Acta S. Polyc. § 12 et 14; Acta S. Pion. § 21; Acta S. Fructuosi. § 4. 6. 7 (*Acta sinc.* p. 42, 150, 331)